JERICKSEN
Historischer Verlag

Das seltene Werk

Alte und neue
Kinderlieder

Mit Bildern und Singweisen

erscheint im Rahmen ausgewählter Literatur
als exklusive Reprint-Ausgabe in der
Historischen Bibliothek des JERICKSEN Verlages.

Die Historische Bibliothek enthält wichtige
sowie interessante Bücher zur Geschichte
und lässt anhand dieser eindrucksvollen Zeitzeugen
bedeutende Ereignisse, Begebenheiten und Personen
aus längst vergangener Zeit wieder lebendig erscheinen.

Nachdruck der Originalausgabe von 1852
nach einem Exemplar aus Privatbesitz.

J
Reprint

Jerxheim
2019
ISBN: 978-3-96569-003-5

Vorwort.

Wenn ich die Freude sah, welche Kinder an den Grimmschen Kinder- und Haus-Märchen hatten, so wünschte ich schon oft: besäßen wir doch auch eine entsprechende Sammlung von Kinder- und Hausliedern! Da keine solche erschien, so entschloß ich mich zuletzt gegenwärtige kleine unschuldige Lieder, fröhliche wie erbauliche, selbst zu sammeln. Ich bin dabei nicht leichtsinnig verfahren, sondern habe mich dem Urtheile der competentesten Richter unterworfen — nämlich dem der Kinder — es ward kein Lied aufgenommen, was diese nicht mit der größten Freude von der Mutter und andern singen gehört oder selbst gesungen.

Für solche Schulen in denen man alle schönen Dichterblumen zerrupft, — was man erklären nennt — sind diese Lieder freilich nicht geeignet, ist doch kaum eins drunter an welches sich ein langweiliger unvernünftiger Discurs mit den Schülern anfädeln ließe.

Aber im Hause, im Garten, im Walde und wo sonst mögen sie dafür zu aller Zeit gesungen werden, wenn sich immer die Lust zu singen bei Jung und Alt regt.

v. Raumer.

Inhalt:

Auf Bergen da wehen die Winde...	№	1.
Nachtigall ich seh dich laufen......	"	2.
Was hat die Gans auf ihrem Kragen	"	3.
Hört wie die Wachtel im Grünen...	"	4.
Gestern Abend ging ich aus.......	"	5.
Ich armes Käuzlein kleine........	"	6.
Zwischen Berg und tiefen, tiefen Thal	"	7.
Guten Morgen Spielmann, wo bleibst	"	8.
Widewidewenne heißt meine.......	"	9.
Mann, Mann, Mann! Was hast in.	"	10.
Draußen auf grüniger Haide, da steht	"	11.
Wir singen und sagen vom Grafen..	"	12.
Ach lieber Herr Schmidt um was ich	"	13.
He, he, he! Hirsch und Reh! seh' ich	"	14.
Wenn ich in mein Gärtle geh......	"	15.
O mein Gott, o mein Gott sing'n..	"	16.
O Jesulein zart, o Jesulein zart....	"	17.
Und auf a jed's Kindel an Engel giebt	"	18.
Singe, Vöglein singe, blühe......	"	19.
In blauer Luft, über Berg und Kluft	"	20.
Zur Schmiede ging ein junger Held.	"	21.
Trari ra der Sommer der ist da....	"	22.
Möcht' ich doch der Felsen sein.....	"	23.
Wir sind noch jung und sind noch...	№	24.
Suse, liebe Suse, was raschelt im..	"	25.
Jung Siegfried war ein stolzer Knab'	"	26.
Auf dem Bergli bin ich g'sessn, hab'.	"	27.
Der Mond, der scheint, das Kindlein	"	28.
Draußen auf dem Berge da wehet..	"	29.
Schlaf Kindchen, balde, Vöglein...	"	30.
Schlaf sanft und wohl, schlaf liebes	"	31.
Eia wiwi, wer schläft heut Nacht bei	"	32.
Buko von Halberstadt............		33.
Hab' ich mir nicht längst gedacht...	"	34.
Vom Himmel hoch, da komm ich her	"	35.
Eia popeia, schlief lieber als du....	"	36.
Wir wollen seine Krippe schmücken..	"	37.
Ich bin ein kleines Kindelein.......	"	38.
Steht auf ihr lieben Kindelein.....	"	39.
Es ist ein Schnitter.............	"	40.
O du selige, o du fröhliche........	"	41.
Stille Nacht, heilige Nacht.......	"	42.
Ich glaub an Gott in aller Noth...	"	43.
Wo ist Jesus, mein Verlangen.....	"	44.
Der beste Freund ist in dem Himmel.	"	45.
Müde bin ich, geh' zur Ruh'.......	"	46.

1. Auf Bergen.

2. Kein besseres Kissen
In Freude und Schmerz,
Denn gutes Gewissen
Und ehrliches Herz;
Die Treue, den Glauben,
Den fröhlichen Muth
Kann Niemand uns rauben,
Das ist unser Gut.
Wir schaffen vom Morgen
Bis Abend mit Fleiß,
Und lassen Gott sorgen,
Da wird uns nicht heiß.

3. Und wenn nach der Schwüle
Die Sonne erbleicht,
Und schattig und kühle
Der Abend sich zeigt,
Mit goldnem Gefieder,
Mit funkelnder Brust,
Dann singen wir Lieder
In fröhlicher Lust,
Wir ziehen die Hüte
Und beten dazu,
Gott schenk' uns in Güte
Die selige Ruh.

2. Von der Nachtigall.

1.

Nachtigall, ich seh dich laufen,
Aus dem Bächlein thust du saufen;
Du tunkst dein klein Schnäblein ein,
Meinst es wär' der beste Wein.

2.

Nachtigall, wo ist gut wohnen?
In den Linden, in den Kronen;
Bei der schönen Frau Nachtigall;
Grüß' (mein Kind*) viel tausend Mal!

*) Statt dessen läßt man die Kinder selbst bestimmen, wer gegrüßt werden soll.

3. Von der Gans.

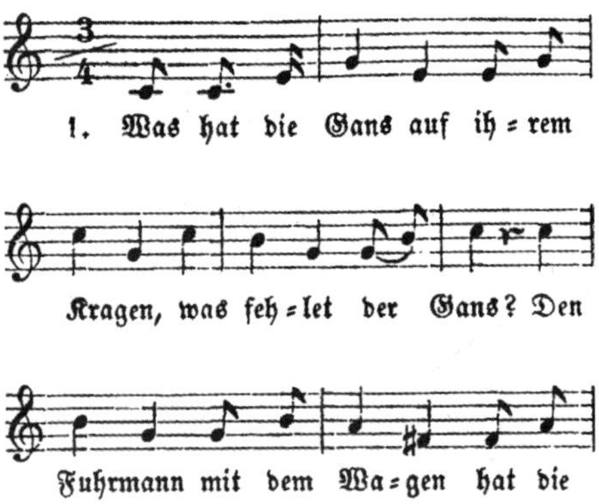

2. Was hat die Gans auf ihrem Kopfe?
Was fehlet der Gans?
Den Koch mit sammt dem Topfe hat die Gans auf ihrem Kopfe,
Das fehlet der Gans.

3. Was hat die Gans auf ihrem Schnabel?
Was fehlet der Gans?
Den Ritter mit dem Sabel hat die Gans auf ihrem Schnabel,
Das fehlet der Gans.

4. Was hat die Gans auf ihren Zehen?
Was fehlet der Gans?
Eine Jungfrau, die thut nähen hat die Gans auf ihren Zehen,
Das fehlet der Gans.

5. Was hat die Gans auf ihrem Schwanze?
Was fehlet der Gans?
Eine Jungfrau mit dem Kranze hat die Gans auf ihrem Schwanze,
Das fehlet der Gans.

6. Was hat die Gans auf ihren Füßen?
Was fehlet der Gans?
Den Bräut'gam die Braut zu grüßen hat die Gans auf ihren Füßen,
Das fehlet der Gans!

4. Von der Wachtel.

2.

Morgens sie ruft, eh' der Tag noch anbricht:
Guten Tag, guten Tag!
Wartet der Sonnen ihr Licht;
Ist sie aufgangen, so jauchzt sie vor Freud'
Schüttelt die Federn und strecket den Leib
Wendet die Augen dem Himmel hinzu
Dank sei Gott, Dank sei Gott!
Der du mir geben die Ruh.

3.

Blinket der kühlende Thau auf der Haid'
Werd' ich naß, werd' ich naß!
Zitternd sie balde ausschreit.
Fliehet der Sonne entgegen und bitt',
Daß sie ihr theile die Wärme auch mit,
Laufet zum Sande und scharret sich ein,
Hartes Bett, hartes Bett!
Sagt sie, und legt sich darein.

4.

Kommt nun der Waidmann mit Hund und mit Blei,
Fürcht' mich nicht, fürcht' mich nicht!
Liegend ich beide nicht scheu',
Steht nur der Waizen und grünet das Laub,
Ich meinen Feinden nicht werde zum Raub,
Aber die Schnitter die machen mich arm,
Wehe mir, wehe mir!
Daß sich der Himmel erbarm.

5.

Kommen die Schnitter, so ruft sie ganz keck
Tritt mich nicht!
Liegend zur Erde gestreckt;
Flieht von geschnittenen Feldern hindann,
Weil sie sich nirgend verbergen mehr kann,
Klaget, ich finde kein Körnlein darin;
Ist mir leid, ist mir leid!
Flieht zu den Saaten dahin.

6.

Ist nun das Schneiden der Früchte vorbei,
Harte Zeit, harte Zeit!
Schon kommt der Winter herbei;
Hebt sich zum Lande zu wandern nun fort
Hin zu dem andern weit glücklichern Ort;
Wünschet indessen dem Lande noch an:
Hüt' dich Gott, hüt' dich Gott!
Fliehet in Frieden bergan.

5. Vom Häslein.

2. |: Bist du nicht der Waidemann,
Hetz'st auf mich die Hunde an, :|
Wenn das Windspiel mich erschnappt,
Und der Jäger mich ertappt?
Wenn ich an mein Schicksal denk',
Thut es mich von Herzen kränk'.

3. |: Wenn ich dann geschossen bin,
Trägt man mich zur Küche hin, :|
Legt man mich auf's Küchenbrett,
Spickt den Buckel wol mit Speck,
Steckt den Spieß von hinten ein:
Ei, wie mag so grob man sein?!

4. |: Wenn ich dann gebraten bin,
Trägt man mich zur Tafel hin; :|
Der Eine bricht mir's Bein entzwei,
Der And're schneid't sich ab sein Theil,
Der Dritte nimmt sich's Allerbest'.
Laßt's euch schmecken, ihr werthen Gäst'.

5. |: Ich armer Has', wie bin ich blaß!
Geh' dem Bau'r nicht mehr in's Gras, :|
Geh' dem Bau'r nicht mehr in's Kraut,
Hab's bezahlt mit meiner Haut!
Wenn das aber so soll sein,
Mag ich gar kein Häslein sein.

6. Vom Käuzlein.

2. Die Kinder unten glauben,
Ich deute Böses an,
Sie wollen mich vertreiben,
Daß ich nicht schreien kann.
Wenn ich was deute, ist's mir leid,
Und was ich schrei', ist keine Freud'.

3. Mein Ast ist mir entwichen,
Darauf ich ruhen wollt',
Die Blättlein all' erblichen,
Frau Nachtigall geholt.
Das macht der Eulen falsche Tück',
Die stören all mein Glück! —

7. Von den Hasen.

2.

|: Als sie sich nun satt gefressen hatt'n,
Setzten sie sich nieder; :|
|: Bis daß nun der Jäger, Jäger kam, :|
Und schoß sie nieder.

3.

|: Als sie sich nun aufgerappelt hatt'n,
Und sich besannen, :|
|: Daß sie noch leb'n, leb'n that'n :|
Liefen sie von dannen.

8. Vom Spielmann.

2. Da kamen die Weiber — mit Sichel und Scheiben,
Und wollten den Schwaben — das Tanzen vertreiben
Mit der kleinen Killekeia — mit der großen Kum Kum.

3. Da laufen die Schwaben, — und fallen in Graben,
Da sprachen die Schwaben: — liegt ein Spielmann begraben,
Mit der kleinen Killekeia, mit der großen Kum Kum.

4. Da laufen die Schwaben, — die Weiber nachtraben,
Bis über die Grenzen — mit Sichel und Sensen:
Guten Morgen, Spielleut' — nun schneidet das Korn!

9. Von der Henne.

2. Schwarz und weiß
Heißt meine Geis,
Dreibein
Heißt mein Schwein;
Widewidewenne u. s. w.

3. Ehrenwerth
Heißt mein Pferd,
Gute Muh
Heißt meine Kuh;
Widewidewenne u. s. w.

4. Wettermann
Heißt mein Hahn,
Kunterbunt
Heißt mein Hund;
Widewidewenne u. s. w.

5. Kuck heraus
Heißt mein Haus,
Schlupf heraus
Heißt meine Maus,
Widewidewenne u. s. w.

*) Bei dem 2ten Verse, so wie bei allen übrigen, läßt man die ersten 4 Takte weg, und fängt erst hier an.

6. Wohlgethan
Heißt mein Mann,
Sausewind
Heißt mein Kind,
Widewidewenne u. s. w.

7. Leberecht
Heißt mein Knecht,
Spät betagt
Heißt meine Magd,
Widewidewenne u. s. w.

8. Sammettatz
Heißt meine Katz,
Hüpf' in's Stroh
Heißt mein Floh;
Widewidewenne u. s. w.

Nun kennt ihr mich mit Mann und Kind
Und meinem ganzen Hausgesind'.

10. Vom Fisch.

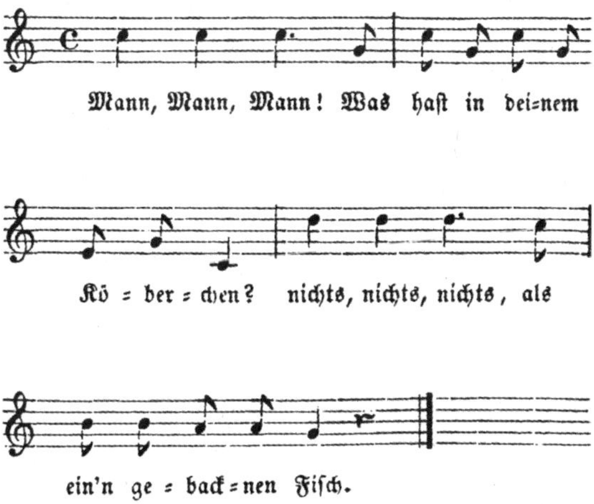

11. Vom Birnbaum.

2.

Drauſſen auf grüniger Haide, da ſteht ein ſchöner Birnbaum,
ſchöner Birnbaum trägt Laub.
Was iſt denn an ſelbigen Baum?
Ein wunderſchöner Zweig.
Zweig an dem Aſt, Aſt an dem Baum, Baum in der Erd';
Drauſſen auf ꝛc.

3.

Draussen auf grüniger Haide, da steht ein schöner Birnbaum,
schöner Birnbaum trägt Laub.
Was ist denn an selbigem Zweig?
Ein wunderschönes Nest.
Nest an dem Zweig, Zweig an dem Ast, Ast an dem Baum, Baum in der Erd';
Draussen auf rc.

4.

Draussen auf grüniger Haide, da steht ein schöner Birnbaum,
schöner Birnbaum trägt Laub.
Was ist denn in selbigem Nest?
Ein wunderschöner Vogel.
Vogel in dem Nest, Nest an dem Zweig, Zweig an dem Ast, Ast an dem Baum,
Baum in der Erd';
Draussen auf rc.

5.

Draussen auf grüniger Haide, da steht ein schöner Birnbaum,
schöner Birnbaum trägt Laub.
Was ist denn an selbigem Vogel?
Eine wunderschöne Feder.
Feder an dem Vogel, Vogel in dem Nest, Nest an dem Zweig, Zweig an dem Ast,
Ast an dem Baum, Baum in der Erd';
Draussen auf rc.

6.

Draussen auf grüniger Haide, da steht ein schöner Birnbaum,
schöner Birnbaum trägt Laub.
Was wird denn aus selbiger Feder?
Ein wunderschönes Bett.
Bett von der Feder, Feder von dem Vogel, Vogel in dem Nest, Nest an dem Zweig,
Zweig an dem Ast, Ast an dem Baum, Baum in der Erd';
Draussen auf rc.

7.

Draussen auf grüniger Haide, da steht ein schöner Birnbaum,
schöner Birnbaum trägt Laub.
Was ist denn in selbigem Bett?
Ein wunderschönes Kind!
Kind in dem Bett, Bett von der Feder, Feder von dem Vogel, Vogel in dem Nest,
Nest an dem Zweig, Zweig an dem Ast, Ast an dem Baum, Baum in der Erd'!
Draussen auf grüniger Haide, da steht ein schöner Birnbaum,
schöner Birnbaum trägt Laub!

12. Vom Grafen.

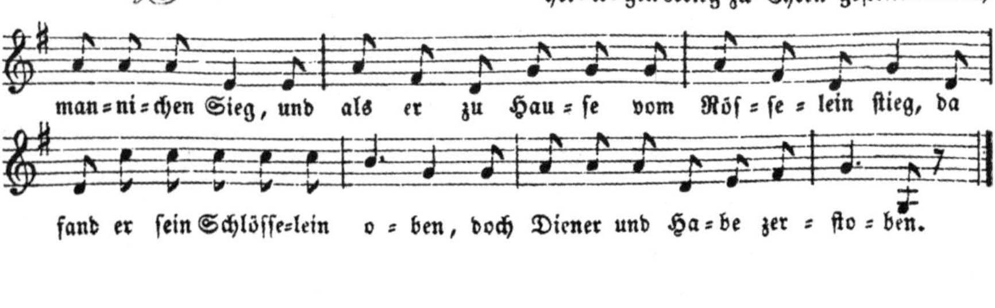

2. Da bist du nun, Gräflein, da bist du zu Haus,
Das Heimische findest du schlimmer.
Zum Fenster da ziehen die Winde hinaus,
Sie kommen durch alle die Zimmer.
Was wäre zu thun in der herbstlichen Nacht,
So hab' ich doch manche noch schlimmer verbracht,
Der Morgen hat alles wohl besser gemacht.
Drum rasch bei der mondlichen Helle,
Zu Bett, in das Stroh, in's Gestelle!

3. Und als er im willigen Schlummer so lag
Bewegt' es sich unter dem Bette.
Die Ratte sie raschle so lange sie mag!
Ja wenn sie ein Bröselein hätte!
Doch siehe! da stehet ein winziger Wicht.
Ein Zwerglein so zierlich mit Ampelen Licht,
Mit Redner=Geberden und Sprecher=Gewicht,
Zum Fuß des ermüdeten Grafen
Der, schläft er nicht, möcht' er doch schlafen.

4. Wir haben uns Feste hier oben erlaubt,
Seitdem du die Zimmer verlassen,
Und weil wir dich weit in der Ferne geglaubt,
Gedachten wir eben zu prassen.
Und wenn du vergönnest und wenn dir nicht graut
So schmausen die Zwerge, behaglich und laut,
Zu Ehren der reichen, der niedlichen Braut.
Der Graf im Behagen des Traumes:
Bedienet euch immer des Raumes!

5. Da kommen drei Reiter, sie reiten hervor,
Die unter dem Bette gehalten;
Dann folget ein singendes, klingendes Chor
Possirlicher kleiner Gestalten;
Und Wagen auf Wagen mit allem Geräth,
Daß einem so Hören als Sehen vergeht,
Wie's nur in den Schlössern der Könige steht;
Zuletzt auf vergoldetem Wagen
Die Braut und die Gäste getragen.

6. So rennet nun Alles in vollem Galopp
Und kürt sich im Saale sein Plätzchen;
Zum Drehen und Walzen und lustigem Hopp
Erkieset sich jeder ein Schätzchen.
Da pfeift es und geigt es und klinget und klirrt,
Da ringelt's und schleift es und rauschet und wirrt,
Da pispert's und knistert's und flistert's und schwirrt;
Das Gräflein es blicket hinüber,
Es dünkt ihn, als läg' er im Fieber.

7. Nun dappelt's und rappelt's und klappert's im Saal,
Von Bänken und Stühlen und Tischen,
Da will nun ein jeder am festlichen Mahl
Sich neben dem Liebchen erfrischen;
Sie tragen die Würste, die Schinken so klein
Und Braten und Fisch und Geflügel herein;
Es kreiset beständig der köstliche Wein;
Das toset und koset so lange,
Verschwindet zuletzt mit Gesange.

13. Das Rößlein.

14. Jägerlied.

2. Haasen, Lüchse,
Dachs und Füchse
Schieß' ich oft mit meiner Büchse
Das vertreibt,
Manches Leid,
Manche Traurigkeit.
Löwen, Bären, Panterthier,
Wilde Schwein' und Tigerthier
Sind nicht frei
Vor dem Blei
Der edlen Jägerei.

15. Vom bucklichen Männle.

2.

Wenn ich in mei' Stüble geh,
Will mei' Müsle essen,
Sitzt e bucklich's Männle da,
Hat mir's halber g'essen.
Wenn ich in mein Keller geh,
Will mei' Weinle zapfen,
Steht e bucklich's Männle da,
Thut mir'n Krug wegschnappen.

3.

Wenn ich auf mein Boden geh,
Will mei' Hölzle holen,
Steht e bucklich's Männle da,
Hat mir's halber g'stohlen.
Wenn ich an mein Rädle sitz',
Will's a bißle drehen,
Steht e bucklich's Männle da,
Läßt mir's Rad nit gehen.

4.

Wenn ich in mei Kämmerle geh,
Will mei Bettle machen,
Steht e bucklich's Männle da,
Fängt als an zu lachen.
Wenn ich an mei Bänkle knie,
Will e bissle beten,
Steht e bucklich's Männle da
Fängt als an zu reden:

*) Liebes Kindel, ach ich bitt',
Bet' für's buckliche Männle mit.

*) Hier werden die beiden letzten Strophen der Melodie wiederholt.

16. Von den Engelein.

17. O Jesulein.

18. Vom Schutzengel.

(Oberbayrische Mundart.)

2. Und bal' s'Kindel größer wird.
Frumm, brav und treu —
So bleibt derselb' Engel
Sei Lebta dabei.

---

19. Vöglein und Bäumchen.

20. Des Vogels Freude.

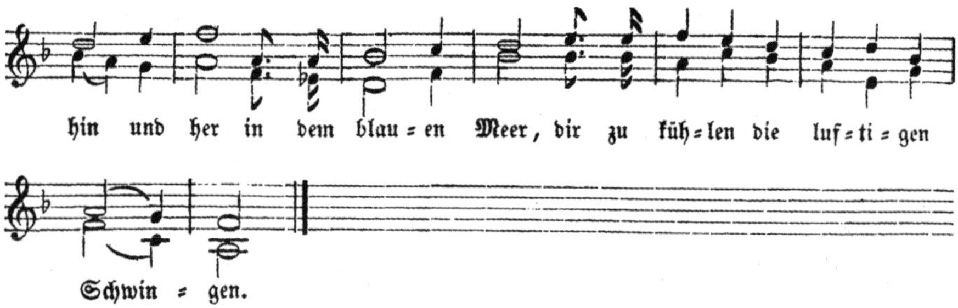

2. Wo die Wolke saust,
Wo der Waldstrom braust,
Kannst du auf, kannst du nieder schweben;
So mit einem Mal
Aus der Luft in's Thal:
Ach, was führst du ein herrliches Leben!

21. Der junge Held.

22. Der Sommer.

2. Tra ri ro!
Der Sommer, der ist do!
Wir wollen hinter die Hecken
Und woll'n den Sommer wecken.
Tra ri ro!
Der Sommer der ist do!

3. Tra ri ro!
Der Sommer der ist do!
Der Sommer hat's gewonnen,
Der Winter hat's verloren.
Tra ri ro!
Der Sommer der ist do!

23. Was möcht' ich sein?

2.

Möcht' ich doch das Brünnlein sein,
Sprudelnd aus kühlem Grunde rein,
Gehend durch grünes Ufergeschicht,
Ewig rinnen und rasten nicht.

3.

Möcht' ich doch das Bäumlein sein,
Die Wurzel gestreckt in's Ufer hinein,
Die Zweige wiegend im Himmelslicht,
Ewig blühen und welken nicht.

4.

Möcht' ich doch das Vöglein sein,
Auf den Zweigen im Sonnenschein,
Das Stimlein tönend zum Himmel gericht't,
Ewig tönen und schweigen nicht.

24. Die fleißigen Kinder.

2.

Es leuchtet ja die ganze Nacht
Ihr klarer stiller Schimmer,
Wir geben drum gleich ihnen acht,
Sind still und folgsam immer.

3.

Die Fischlein machen's anders nicht
Die sind auch immer munter,
Und schwimmen, wenn der Tag anbricht,
Die Bächlein auf und unter.

4.

Wir thuen's auch den Vöglein nach,
Die singen von den Bäumen:
Ihr Kinder, seht, schon ist es Tag,
Drum ist's nicht Zeit zu träumen.

5.

Wir lernen drum mit frohem Muth,
Dann geht's auch viel geschwinder,
Und doppelt schmeckt die Ruhe gut,
Sind fleißig kleine Kinder!

25. Wenn das Kind schlafen soll.

26. Vom jungen Siegfried.

2. Wollt' rasten nicht in Vaters Haus,
Wollt' wandern in alle Welt hinaus.

3. Begegnet ihm mancher Ritter werth,
Mit festem Schild und breitem Schwert.

4. Siegfried nur einen Stecken trug,
Das war ihm bitter und leid genug.

5. Und als er ging im finstern Wald,
Zu einer Schmiede kam er bald.

6. Da sah er Eisen und Stahl genug,
Ein lustig Feuer Flammen schlug.

7. „O Meister, liebster Meister mein!
Deinen Gesellen laß mich sein!

8. Und lehr' Du mich mit Fleiß und Acht,
Wie man die guten Schwerter macht."

9. Siegfried den Hammer wohl schwingen kunnt,
Er schlug den Ambos in den Grund.

10. Er schlug, daß weit der Wald erklang,
Und alles Eisen in Stücke sprang.

11. Und von der letzten Eisenstang'
Macht er ein Schwert, so breit und lang.

12. „Nun hab' ich geschmiedet ein gutes Schwert,
Nun bin ich wie andre Ritter werth.

13. Nun schlag' ich wie ein and'rer Held,
Die Riesen und Drachen in Wald und Feld."

27. Von den Vöglein.

28. Ammenuhr.

2.

|: Gott Alles weiß,
Das Mäuslein beißt; :|
|: Die Glock' schlägt ein, :|
Der Traum spielt auf dem Kissen dein.

3. |: Die Sternlein schön
Am Himmel geh'n; :|
|: Die Glock' schlägt zwei; :|
Sie geh'n hinunter nach der Reih'.

4. |: Der Wind der weht,
Der Hahn der kräht; :|
|: Die Glock' schlägt drei, :|
Der Fuhrmann hebt sich von der Streu'.

5. |: Der Gaul der scharrt,
Die Stallthür' knarrt; :|
|: Die Glock' schlägt vier, :|
Der Kutscher siebt den Haber schier.

6. |: Die Schwalbe lacht,
Die Sonn' erwacht; :|
|: Die Glock' schlägt fünf, :|
Der Wandrer macht sich auf die Strümpf'.

7. |: Das Huhn gagackt,
Die Ente quackt; :|
|: Die Glock' schlägt sechs, :|
Steh' auf, steh' auf, du faule Her'.

8. |: Zum Becker lauf,
Ein Wecklein kauf; :|
|: Die Glock' schlägt sieben, :|
Die Milch thu' an das Feuer schieben.

9. |: Thu' Butter 'nein
Und Zucker fein; :|
|: Die Glock' schlägt acht, :|
Geschwind dem Kind die Suppe gebracht.

29. Wiegenlied.

30. Wiegenlied.

Schlaf Kindchen balde;
Vögelein fliegen im Walde,
Sie flieg'n wohl über Laub und Gras
Und bringen meinem Kindchen was;
Was soll'n sie ihm denn bringen?
Zuckerplätzchen und Ringe,
Schöne Rosin'n und Mandelkern,
Die ißt die kleine Sophie gern.

31. Abendlied.

2.

Du schläfst und liegest weich dabei;
Dein Heiland lag auf Stroh und Heu,
Im finstern Stall, auf Holz und Stein;
Du liegst in deinem Wiegelein.

3.

Dir störet niemand Schlaf und Ruh;
Ihm setzten tausend Feinde zu.
Du lebst ohn' einigen Verdruß
Da er das Elend leiden muß.

4.

Dein Gott verkläre für und für
Sein liebes Jesuskind in dir;
Daß deine Seel' erkennt und faßt,
Was du am Kindlein Jesu hast.

5.

Schlaf liebes Kind, schlaf unbetrübt;
Wenn Gott Verstand und Jahre giebt,
So wachs' im Geiste Tag und Nacht,
Bis dich Gott ewig selig macht.

32. Wiegenlied.

2. Nu nununeichen,
Koch dem Kinde Breichen,
Thu auch Butter und Zucker dran,
Daß mein Kind es essen kann!

33. Vom guten Bischof Buko.

2. Buko von Halle,
Wat steit in minen Stalle,
Ene schöne bunte Kuh,
Die hört min leeben Jungen to.

34. Wie gedacht so geschehen.

---

35. Weihnacht.

2. Euch ist ein Kindlein heut' gebor'n,
Von einer Jungfrau auserkor'n;
Ein Kindelein so zart und fein:
Das soll eu'r Freud' und Wonne sein.

3. Es ist der Herr Christ unser Gott,
Der will euch führ'n aus aller Noth,
Er will eu'r Heiland selber sein,
Von allen Sünden machen rein! —

36. Zur Nacht.

2.

Hab' ich mein Kindelein schlafen gelegt,
Hab' ich's mit Walte = Gott = Vater gedeckt:
Das walt' Gott Vater, Sohn, heiliger Geist,
Der mir mein Kindelein tränket und speist.

---

37. Am Weihnachtabend.

38.

2. Ach, lieber Jesu, sage du: wie fang' ich es doch an,
Daß ich mein' Sünden von mir thu', und selig werden kann!

39. Morgenlied.

2. Sei uns willkomm'n du lieber Tag!
Vor dir die Nacht nicht bleiben mag.
Leucht' uns in unsre Herzen fein
Mit deinem himmelischen Schein!

Vor der Arbeit:

Ach, Herr, gieb Du uns Deine Gnad',
Daß unsre Arbeit wohlgerath',
Zu Ehren Deiner Herrlichkeit,
Und uns zur Seelen Seeligkeit!

---

40. Der Schnitter Tod.

2.
Was heut' noch grün und frisch dasteht,
Wird morgen schon hinweggemäht,
Die edlen Narcissen,
Die Zierden der Wiesen,
Die schön'n Hyazinthen,
Die türkischen Binden.
Hüte dich schön's Blümelein.

3.
Ihr hübsch Lavendel, Rosmarein,
Ihr vielfarbige Röselein,
Ihr stolzen Schwerdlilien,
Ihr krausen Basilien,
Ihr zarten Violen,
Man wird euch bald holen.
Hüte dich schön's Blümelein.

4. Trotz Tod, komm her, ich fürcht' dich nit,
Trotz, eil daher mit einem Schnitt,
Werd' ich nur verletzet,
So werd' ich versetzet
In den himmlischen Garten,
Auf den wir alle warten.
Freue dich schön's Blümelein.

41. Die drei hohen christlichen Feste.

2. O du selige,
O du fröhliche
Gnadenbringende Osterzeit.
Welt lag in Banden,
Christ ist erstanden,
Freue, freue dich o Christenheit.

3. O du selige,
O du fröhliche
Gnadenbringende Pfingstenzeit.
Christ unser Meister
Heiligt die Geister
Freue, freue dich o Christenheit.

---

42. Christnacht.

43.

Ich glaub' an Gott in
Ich lie = be Gott bis
al = ler Noth auf
in den Tod, auf
Ihn mei=ne Hoff = nung bau = e;
die = se Lieb' ver = trau = e.

Je = su dir leb' ich, Je = su dir sterb' ich, dein bin ich
todt und le = ben = dig.

44.

2. Ach! wo find' ich tausend Flügel,
Daß ich kann zu jeder Frist
Fliegen über Berg und Hügel,
Suchen, wo mein Jesus ist?!

45.

1. { Der be = ſte Freund iſt
und bei dem fal = ſchen
in dem Him = mel, auf Er = den
Welt = ge = tüm = mel iſt Red = lich=
ſind die Freun = de rar; }
keit oft in Ge = fahr. }

Drum hab' ich's im = mer ſo ge = meint, mein Je = ſus iſt der
be = ſte Freund! Drum hab' ich's im = mer ſo ge = meint, mein
Je = ſus iſt der be = ſte Freund!

2.

Die Menschen sind wie eine Wiege;
Mein Jesus stehet felsenfest;
Und ob ich gleich darnieder liege:
Mich seine Treu' doch nicht verläßt.
Drum hab' ich's immer so gemeint,
Mein Jesus ist der beste Freund.

3.

Mein Freund, der mir mein Herze giebet;
Mein Freund, der mein, — und ich bin sein;
Mein Freund, der mich beständig liebet,
Mein Freund bis in den Tod hinein.
Drum hab' ich's immer so gemeint,
Mein Jesus ist der beste Freund!

4.

Er läßt sich selber für mich tödten,
Vergießt für mich sein theures Blut;
Er steht mir bei in allen Nöthen,
Und spricht für meine Sünden gut.
Ach, hab' ich's nun nicht recht gemeint?
Mein Jesus ist der beste Freund!

46. Abendlied.

2.

Hab' ich Unrecht heut' gethan,
Sieh' es, lieber Gott, nicht an!
Deine Gnad' und Christi Blut,
Sind für allen Schaden gut.